AF259898

A

SON ALTESSE ROYALE

ISMAÏL-PACHA

VICE-ROI D'ÉGYPTE

L'ÉGYPTE

ET

L'INDUSTRIE RUBANIÈRE

PAR

LE MÉTAYER-MASSELIN

PARIS

TYPOGRAPHIE ALCAN-LÉVY, RUE LAFAYETTE, 61

et passage des Deux-Sœurs

—

1870

L'ÉGYPTE

ET

L'INDUSTRIE RUBANIÈRE

L'Égypte, ce pays si remarquable par la haute antiquité de sa civilisation, attire aujourd'hui les regards du monde entier ; mais l'Égypte, dont le vice-roi Ismaïl-Pacha devient chaque jour le régénérateur ; l'Egypte, où croissent éparses et presque sans soins les productions de tous les climats ; l'Égypte, enfin, qu'il faut avoir vue pour la comprendre, possède encore dans ses flancs un produit qu'elle laisse se répandre sur tous les continents.

Ce produit, c'est le coton, véritable fleuve d'or qu'il serait bien facile de faire remonter, en partie, vers sa source, en créant sur place, au sein de la matière première, l'industrie rubanière, ce qui ne serait, au surplus, comme nous le prouverons, que la rendre à sa mère patrie.

Telle est la question sur laquelle nous allons jeter un rapide coup d'œil, question d'une importance capitale, cependant, car le coton occupe le premier rang dans l'histoire industrielle des nations modernes.

CHAPITRE PREMIER

LE COTON

SON ORIGINE ET SON NÉGOCE

L'homme, ce dernier terme de la création, se trouva jeté, dans l'origine, sur une terre confuse et sauvage, mais les impressions qu'il reçut de chaque objet éveillèrent peu à peu ses facultés, et l'industrie, cette fille des besoins, lui suggéra l'idée de se faire des vêtements.

La nature, il est vrai, fut généreuse à son égard, en lni offrant tantôt les longues fibres d'une tige, le lin, le chanvre ; tantôt la fourrure d'un animal, le mouton, la chèvre... etc., ou en cachant quelquefois son présent dans une coquille végétale, comme celle du cotonnier.

Pendant un nombre inconnu de siècles on ne remarqua dans cette plante que la beauté de son feuillage et le charme de ses fleurs ; quant à son duvet, il se dissipait dans l'atmosphère et retournait au sol sous forme de détritus. Aussi, bien des générations durent se succéder sans se douter de la destinée de cette dépouille végétale, foulée aux pieds avec indifférence, et qui n'était autre que le coton.

L'origine de toutes les connaissances humaines se perd dans la nuit des temps, car les arts prirent naissance bien avant le jour où les moyens d'en perpétuer l'apparition furent connus; il est donc impossible d'indiquer d'une manière certaine le peuple qui, le premier, se livra à la culture du cotonnier.

Les Indes Orientales paraissent l'avoir cultivé dès la plus haute antiquité, et quelques écrivains y placent son berceau.

Le premier renseignement positif nous est fourni par Hérodote, ce père de l'histoire, qui écrivait 445 ans avant Jésus-Christ : « Les Indiens, dit-il, possèdent une plante « qui, pour fruit, porte une espèce de laine plus belle et « meilleure que celle des moutons. Ils en font leurs vête- « ments [1]. » Cette plante était, évidemment, ce que nous appelons aujourd'hui le coton ; mais, à cette époque, il n'était pas encore question de sa culture au-delà de l'Indus.

L'Égypte a été, après l'Inde, le pays du cotonnier, en laissant de côté l'Amérique, où cette plante était cultivée aussi dans l'antiquité, ainsi que l'attestent les étoffes trouvées dans des tombeaux mexicains et péruviens.

Un livre unique, sacré, la Bible, nous apprend, si nous acceptons les opinions des commentateurs, qui traduisent le mot hébreu *schech* par *busso* dans la version des Sep-

[1] *Thalie*, l. III, ch. cvi.

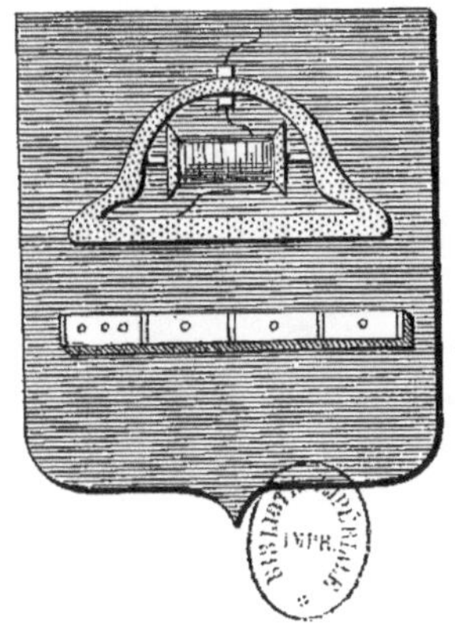

tante, et par *byssus* dans la Vulgate, que les Israélites connurent les étoffes de coton plus de 5oo ans avant l'ère chrétienne.

Nous expliquerons ci-après ce que l'on doit entendre exactement par le mot *Byssus,* mais nous pouvons déduire de l'emploi de ce mot que les Égyptiens connurent le coton dès la plus haute antiquité, puisque c'est en Égypte que les Israélites puisèrent toutes leurs connaissances dans les sciences et dans les arts.

Hérodote est très explicite sur l'usage du coton chez les Égyptiens qui, « lors des funérailles, dit-il, lavaient le « corps et l'enveloppaient entièrement de bandes de *toile* « *de coton,* etc. [1]; il nous apprend aussi que deux corse- « lets que fit faire le roi Amasis étaient de lin, mais ornés « d'un grand nombre de figures d'animaux *tissues en or et* « *en coton* [2]. » L'étoffe dont Pharaon fit revêtir Joseph était de coton [3], et le fameux manteau dont ce dernier voilat les charmes de la belle Putiphar était, sans doute, de la même étoffe.

L'usage du coton prit très vite une grande extension, car la fameuse inscription de Rosette nous prouve que Ptolémée Épiphane (11o ans avant Jésus-Christ) levait un impôt sur cette matière textile [4], impôt qui, au surplus, semble tout naturel, puisque, d'après saint Jérôme [5] et

[1] *Euterpe*, l. II, ch. lxxxvi.

[2] *Thalie*, l. III, ch. xlvii.

[3] Genèse, XLI, 42.

[4] Noël et Carpentier, *Nouveau Dictionnaire des Origines,* au mot coton. Paris, 1833.

[5] In Ezéchiel, ch. xxvii, fol. 882 : « *Byssus in Egypto quam maximè nascitur....* etc. »

autres [1], l'Égypte aurait été la patrie du *Byssus*; et, s'il faut en croire Clément d'Alexandrie, « il y prit naissance du temps de Sémiramis [2]. »

Il servait alors à faire « des couvertures et des tapis [3], » usages auxquels le chanvre et le lin ne paraissent jamais avoir servi, leur odeur et leur manque de souplesse les rendant peu propres à cet emploi.

D'après une note très ingénieuse du savant professeur M. Wogue, note que nous trouvons insérée dans l'un des excellents ouvrages de M. Alcan sur les matières textiles [4], note, enfin, qui tranche la question de la façon la plus péremptoire, il est évidemment question du coton dans les Écritures saintes.

L'historien grec Strabon, qui, de même qu'Hérodote, avait exploré tout le monde connu, et qui écrivait lors de la naissance du Christ, nous apprend que le cotonnier avait franchi alors l'Indus, car on le cultivait à l'entrée du golfe Persique [5].

Pline [6], qui cite le même fait, est le premier auteur latin qui fasse mention du coton en Égypte [7].

---

[1] Pollux, *Onamasticon*, l. VIII, ch. xvii. — Isidore, *Origines*, l. XIX, ch. xxvii.

[2] Stromates, p. 307.

[3] Le Livre des Proverbes, ch. vii, verset 16.

[4] Traité complet de la filature du coton, p. 3, Paris, 1865. — Cette note nous paraît empruntée à l'excellent ouvrage de Jean Reynold Forster : *Liber singularis de bysso antiquorum*, Londini, 1776, in-8°, p. 5, 47, 74, etc.

[5] Géographie, l. XV. — Il mentionne aussi les cotons à fleurs ou indiennes (σινδυνας ευνθεις).

[6] Mort lors de la grande éruption du Vésuve, 79 ans après J.-C.

[7] Histoire naturelle, l. XII, ch. xxi, et surtout l. XIX, § 2 : « La partie supérieure de l'Égypte, du côté de l'Arabie, produit un

Arrien (deuxième siècle de l'ère chrétienne), qui était marchand et navigateur, confirme Hérodote [1], et, le premier à son tour, nous parle du négoce du coton : « Les « Arabes apportaient, dit-il, du coton de l'Inde à Aduli, « sur la mer Rouge [2], » de même que les caravanes, « ou des charrois ordinaires, » en apportaient en Syrie, en passant par Palmyre, ces déserts ayant pu être habités alors, suivant Eidous [3].

Ce fameux traducteur ajoute que les Phéniciens, célèbres dans l'antiquité par leur négoce et leur industrie, et dont la ville de Tyr fut le centre du commerce de tout l'univers, « établirent des manufactures de coton qu'ils portèrent à « leur dernière perfection. »

Ils excellaient déjà, longtemps avant l'ère chrétienne, dans la manière de filer et de tisser le lin, dont ils se servaient pour fabriquer les voiles de leurs navires [4], mais c'est d'Égypte qu'ils faisaient venir, dans le principe, leurs étoffes de coton et leurs broderies [5].

arbrisseau nommé par quelques-uns *gossipion*, par la plupart *xylon* (le ξύλον des Grecs fut rendu par les Latins par *xylum* ou *xylinum*), d'où l'on appelle *xylines* les étoffes qui en proviennent ; il est petit et il porte un fruit semblable à une noix barbue ; l'intérieur contient un duvet que l'on file. Aucune étoffe n'est préférable à celle-là pour la blancheur et la souplesse, etc. — *Xylon* veut dire *bois*, le coton provenant d'un arbrisseau comme le dit Pline. »

[1] Histoire de l'Inde, ch. xvi.

[2] *Periplus maris Erithreum* (*Périple*, vieux terme de géographie voulant dire *voyage autour*). *Erythrée*, nom ancien de la mer Rouge.

[3] *Histoire des principales découvertes dans les arts et dans les sciences*, ch. x, p. 180.

[4] Ezéchiel, ch. xvii, verset 6.

[5] Id. ch. xxvii, verset 7. — Heeren, *De la politique et du commerce des peuples de l'antiquité*, t. II, p. 131.

Les Indiens, après avoir cultivé le coton, en firent donc le négoce, et nous voyons cette laine végétale, l'un des plus grands présents de la nature, suivre, comme les sciences et les arts, la marche apparente du soleil.

L'industrie cotonnière se répandit ensuite en Grèce et en Italie, mais elle devait rester bien des siècles sur les bords de la Méditerranée.

Les rapports réguliers des Grecs et des Romains avec l'Égypte étaient presque nuls ; et, même après la conquête de l'Orient par les Romains, la culture du coton et le coton lui-même, considéré comme matière textile, n'a pas semblé aux historiens anciens digne d'un grand intérêt.

Nous prouverons, au surplus, dans le chapitre suivant, que l'on confondait alors le lin et le coton, ou que leur mélange portait le simple nom de lin, qui était la toile la plus répandue [1].

Quant au tissage, il était arrivé, dit Sénèque, à un point de perfection si remarquable « *que les tissus couvraient le* « *corps sans en cacher les nudités* [2]. » Les lins d'Espagne étaient aussi d'une finesse admirable, dit Pline, et chaque fil des toiles de Cumes était composé de cent cinquante brins [3].

Le moyen de convertir le coton en fil était primitif : il consistait dans la modeste quenouille et dans le simple fu-

---

[1] Pline, *Histoire naturelle*, l. XIX. — Sénèque, *De vita beata*, § 27. — Plaute, *Les Bacchis*, act. III, sc. III, v. 42, etc.

[2] Epître à Lucilius, n° 90. — Nisard, dans sa collection des auteurs latins, traduit ainsi trois vers donnés à ce sujet par Sénèque:

> *Entre deux rangs de fils sur le métier tendus,*
> *La navette en courant entrelace la trame,*
> *Puis le peigne aussitôt en serre les tissus.*

[3] *Histoire naturelle*, l. XIX, § 2.

seau, moyen qui est encore en pratique dans l'Indoustan. Si nous employons ici le mot primitif, c'est que l'usage dont nous parlons était connu de toute antiquité.

La fable nous présente Hercule, habillé en femme, filant aux pieds d'Omphale, couverte de la peau du lion de Némée.

Le rouet, qui vint ensuite, offre déjà un perfectionnement notable sur le fuseau. Cet ingénieux appareil présente, sous la plus simple expression, l'effet composé de toutes les grandes filatures. Il a pour objet deux fonctions distinctes : il tord l'étoupe et il l'envide avec un effort de traction autour d'une bobine.

Le coton, au moyen âge, n'excite pas non plus un grand intérêt, la laine, le lin et la soie fournissant à cette époque l'habillement ordinaire des peuples. Cette matière première ne figure pas parmi celles que Charlemagne recommande de fournir aux femmes de ses gynécées [1].

Les Arabes, qui avaient conquis l'Égypte vers le milieu du septième siècle, introduisirent le cotonnier dans l'Afrique du nord vers le milieu du huitième, et le transportèrent en Espagne dans le siècle suivant ; d'un autre côté, le commerce du coton s'établissait sur une plus grande échelle entre l'Italie et le Levant.

Des tentatives avaient bien été faites en Espagne vers le deuxième siècle, mais elles furent infructueuses, comme le prouve la traduction espagnole d'un document arabe cité

---

[1] Capitulaire *de Villis*.

par M. de Lasteyrie [1] ; et « la futaine, l'un des plus anciens
« articles tramés en coton, avec une chaîne en fil de lin,
« tire son nom de *fustanero*, nom espagnol du tisserand [2].

La culture du coton dans l'Orient s'est propagée à la suite
des guerres d'Alexandre, et la propagation des tissus de
coton en Occident est due en grande partie aux croisades
qui, si elles n'accomplirent pas le but qu'elles s'étaient pro-
posé, contribuèrent aux progrès des arts, des sciences, de
l'industrie et de la navigation.

Jacques de Vitry, qui était allé en Palestine avec saint
Louis, est l'un des premiers écrivains qui aient employé le
mot *coton,* et il nous prouve, d'une manière irréfutable,
que l'Égypte possédait encore, au moyen âge, l'industrie
cotonnière : « Il y a, dit-il, dans l'Orient, des arbrisseaux
« venus de semence, qui produisent le *bombax*, appelé par
« les Français *coton,* qui tient le milieu entre la laine et le
lin, et avec lequel on tisse des vêtements légers [3]. »

Ce mot *coton* est aussi employé à la même époque par
Étienne Boileau, premier prévôt des marchands [4], et l'his-
toriographe de Saint Louis parle de « *tours* faites de *telle*
(toile) de coton [5]. » L'assemblage de ces deux mots *toile*
de *coton* n'est-il pas une véritable anomalie?

On retrouve encore, à la fin du dix-septième siècle, les
communautés des *telliers* de Dieppe et de Valenciennes,
dont nous donnons les blasons d'après d'Hozier [6].

---

[1] *Du Cotonnier et de sa culture*, p. 209. Paris, 1808.
[2] Alcan, p. 8. Paris, 1865.
[3] *Histoire d'Orient*, l. I, ch. LXXXV. — « Le byssus a été souvent
confondu avec le lin, le bombax, etc., dit J.-R. Forters, § 3, p. 10.»
[4] *Le Livre des Métiers,* titre 251, chapeliers en coton.
[5] Joinville, p. 245.
[6] Voir planches I et II.

Bref, au treizième siècle, les vêtements de coton étaient signalés en Europe comme des objets précieux ; aussi, en 1220, voit-on figurer dans le testament de l'un des comtes de la Marche une robe de cette étoffe.

L'industrie cotonnière pénétra en Italie au quatorzième siècle, se concentra à Venise, à Gênes, à Milan, à Padoue, etc., et les Vénitiens et les Gênois furent, à cette époque, les dignes émules des Phéniciens, en apportant cette industrie en Angleterre et en France.

Nous ne suivrons pas le coton à travers les machines qui le nettoient, le divisent, le filent, etc., contentons-nous de dire que les rapides progrès de l'industrie cotonnière, depuis un demi-siècle, tiennent à son abondance, à son bas prix, et à la facilité avec laquelle on peut le filer et le tisser.

Son introduction en Angleterre, qui n'eut lieu réellement que vers le commencement du dix-septième siècle [1], y réclame aujourd'hui des armées de travailleurs et des flottes en permanence entre Liverpool et New-York.

Son introduction en France eut lieu vers la fin du même siècle, mais elle n'a pris d'extension dans ce dernier pays que depuis le commencement du dix-neuvième.

Quoique l'Afrique soit un des pays où le coton pouvait avoir été le plus anciennement connu, sa culture a été sans développement appréciable jusqu'à ces derniers temps.

En 1820, Méhémet-Ali fit cultiver la fructueuse plante

---

[1] Lewis Roberts, *Trésor du commerce*. Londres, 1641.

sur une grande échelle, et le Français Jumel y naturalisa le coton longue soie, ce roi des cotons.

« Au moment de la crise des États-Unis, disait, en 1865,
« M. Alcan, l'Égypte a pu fournir 32 millions de kilo-
« grammes de coton, mais la récolte courante atteindra
« 40 millions, et pourra facilement être doublée dans un
« temps plus ou moins rapproché [1]. »

Le savant écrivain avait grandement raison, car ses calculs sont même dépassés aujourd'hui, et l'on peut dire hautement que la récolte courante est susceptible d'un développement gigantesque!

D'après la fameuse pétition de l'Association de Manchester, adressée à S. A. le vice-roi d'Égypte, pour l'extension de la culture du coton, les 3 millions de *feddans* de terre cultivés dans la basse Égypte pouvaient produire 30 à 35 millions sterling (750 *millions de francs* [2]).

« La production totale et annuelle de l'Égypte est
« aujourd'hui, au maximum, de *un million et demi* de
« *quintaux* (quintal de 45 kilog.), et le prix du quintal de
« coton de bonne qualité, longue soie, fin et soyeux, est
« actuellement de 115 à 120 francs sur le marché d'A-
« lexandrie [3]. »

L'Egypte qui, en 1863, au milieu de la crise cotonnière, a produit 32 millions de kilogrammes, a donc vu doubler sa production en cinq ans, puisqu'elle en produit aujourd'hui près de 70 millions!

Ne quittons pas l'Afrique sans dire un mot de l'Algérie, qui est aussi l'un des pays les plus favorables à la produc-

---

[1] *Traité de la filature du coton*, p. 137.

[2] Le *feddan* vaut 1 acre 1/4 ou 1/2 hectare.

[3] Renseignements dus à l'extrême obligeance de M. Cavorret. (Lettre du 22 octobre 1869.)

tion du coton. L'industrie française, malheureusement, ne paraît pas avoir compris encore toute l'importance de cette culture.

Le cotonnier prospère généralement dans les pays chauds des deux continents, entre le 30ᵉ degré de latitude et la ligne, c'est-à-dire partout où le climat est assez chaud pour que l'oranger y puisse croître en plein air.

Quant au mot *coton*, indiquons, en quelques mots, avant de parler des *rubans*, ses différentes étymologies.

Littré, dans son admirable dictionnaire, indique le provençal : *coton;* le catalan : *coto;* le portugais : *cotao,* etc.

Plusieurs écrivains s'appuient sur Pline, où le mot *cotonea mala* désigne le *coing* [1], fruit couvert d'un léger duvet.

D'autres [2], d'après le linguiste Skinnet (*Dictionnaire des étymologies*) donnent comme origine le mot italien *cottone*, ce qui ne serait, suivant nous, qu'une variante, puisque les Italiens nomment *cottogni* les fruits du cognassier.

Beaucoup enfin citent un signe essentiellement arabe, qui fournit en caractères européens *Koton,* prononciation *Gottn,* et qui coïncide avec le mot *Algodon,* dont se servaient les Espagnols en ajoutant l'article *al,* comme dans *Alcoran,* etc.

Nous trouvons aussi, dans les *Mémoires de l'Académie*

---

[1] *Histoire naturelle*, l. XII, ch. xxxxx.
[2] Turgan, *les Grandes Usines,* t. XI, article relatif à la manufacture rouennaise *la Foudre*.

des Inscriptions et Belles-Lettres [1] le mot *Cuthunea*, qui se rapproche, comme le mot grec Ὀθόνια, de la prononciation de nos jours.

En résumé, avons-nous emprunté le mot *Coton* aux Arabes, et ceux-ci l'ont-ils pris à la première patrie du cotonnier? Telle est l'opinion émise par un de nos savants géographes, qui nous apprend que « le mot arabe *Q'hotton* « venait de *Cottonara,* actuellement *Canara,* contrée de la « côte de Malabar [2]. »

Les Arabes, au surplus, n'auraient fait, à cette époque, que ce que nous faisons chaque jour : emprunter des mots à l'étranger. On les voit encore aujourd'hui, si nous pouvons nous permettre ce néologisme, *arabiser des mots.* Ils disent aussi bien, en effet : *babour al nour* (usine au feu), que *babour al gaz,* pour indiquer l'usine à gaz d'Alexandrie.

---

[1] T. IX, p. 323-326. — Paléographie, p. 19.
[2] *Dictionnaire de la Conversation,* article Coton.

CHAPITRE II

LE RUBAN

SON ANTIQUITÉ ET SON USAGE

Le Βσσσος des Grecs, le *Byssus* des Egyptiens et des Romains, le *Gossipion* des Barbares, cultivés alors dans les Indes et dans l'Égypte, ne s'appliquaient ni au lin proprement dit, ni au chanvre, ni au coton actuels ; ce ne pouvait dont être qu'un tissu composé de deux végétaux textiles : le chanvre ou le lin, et le coton, utilisés simultanément [1].

[1] Pline, en parlant du *Gossympinum-Arbor* (l. XII, ch. xxi), arbre cultivé dans l'île de Tylos, du golfe persique, s'exprime ainsi : « Ferrunt *cotonei Mali*, amplitudine cucurbitas quæ maturitate ruptæ ostendunt lanuginis pilas ex quibus vestes precioso linteo faciunt. » D'après plusieurs auteurs, dit J.-R. Forster, *Liber singularis de bysso*... etc., le Byssus était appelé souvent lin égyptien, § 11, p. 50.

Le mot *goss* veut dire en arabe *soyeux* (Annuaire du *Cosmos*, année 1864, p. 484. — Alcan, Traité complet de la filature du coton, p. 33, Paris, 1865), et *Pinus*, Pin, d'où *Pin soyeux*. — Le grand cèdre était le *Pinus cedrus* (Pline, l. XIII, § 11).

En voici la raison :

Avant l'invention des fileuses mécaniques, il étai ttrès difficile, pour ne pas dire impossible, de filer à la main une matière aussi tendre que l'était le coton, employé surtout pour chaîner les étoffes.

On sait que la tension de la chaîne d'un tissu doit être très ferme, pour permettre à la trame de la croiser régulièrement et de s'entrelacer avec elle. Seuls le lin et le chanvre des temps modernes ont offert, pendant la longue période du filage à la main, les qualités requises de cette grande résistance si importante pour le tissage. Mais, dans cette affirmative, il faut cependant admettre la possibilité du filage du coton à la main, dès qu'il s'agit de l'employer comme trame. Son usage demande ainsi moins de force, tout en le rendant apte à remplir les interstices et à opérer le croisement exigé par la chaîne. Les artisans de l'antiquité l'avaient si bien compris, qu'ils exportaient certaines étoffes de coton chaînées avec de la soie, qui offrait seule plus de résistance que les fils de lin ou de chanvre [1].

Industriellement parlant, il paraît évident que jamais l'Égypte ni les contrées qui produisaient le coton n'ont pu confectionner un tissu solide et très ferme avec cette matière employée comme *chaîne* et *trame* en même temps.

Les inventions modernes ont résolu, il est vrai, ce grand problème des étoffes complètement en coton, « mais, en « Angleterre, dans le courant du siècle dernier, la chaîne « (ou les fils longitudinaux de l'étoffe) était encore com-

---

[1] Les habitants de l'Inde, de l'Arabie et de l'Égypte faisaient du coton la *trame des étoffes* appelées par les Romains : *subsericæ ;* la chaîne en était de soie, et les femmes de Cos et d'autres lieux la séparaient du coton, pour travailler des étoffes entièrement tissues de soie et appelées : *Holosericæ, Holoveræ.*

« posée de fils de lin, et la trame (ou les fils transversaux
« de l'étoffe) était faite de coton [1]. »

Si, depuis l'antiquité, des essais de chaînes en coton filé
furent tentés, les fils de ces dernières étaient alternés sinon
mélangés de quelques fils de lin ou de chanvre, pour sou-
tenir ceux de coton, toujours plus élastiques et d'une rup-
ture facile. Le seizième siècle fournit même un exemple de
mélange de chanvre et de coton dans la fabrication des
mèches de chandelle [2].

L'antiquité désigne sous les diverses dénominations
de βύσσος, *byssus*, *xylum*, *xylinum*, *gossipium*... etc., les
matières, ayant servi à fabriquer *la toile* des premiers
peuples du monde.

Les Romains décrivirent leurs toiles selon les qualités
du tissu : *Toile de lin, Tela linea* ou *lintea; — Toile de
chanvre, Tela canabina; — Toile de coton, Tela è filo,
xylino texta.*

Quant à l'Égypte, elle a été, comme nous l'avons prouvé,
la patrie du coton, et, quoique les prêtres d'Isis portassent
des robes de lin, usage qui venait de cette contrée [3], disons avec Pline, qui est la première autorité en pareille
matière, que les étoffes de coton étaient les vêtements
favoris des prêtres égyptiens : « *Vestes indè* (*xylinas*),

[1] Laboulaye, *Dictionnaire des arts et manufactures*, au mot Coton.
[2] Manuscrit de la Bibliothèque Impériale, nº 8073, fol. 522.
[3] Sénèque : *De vita beata*, ch. xxvii. — Dandré Bardon parle
aussi, dans les *Costumes des anciens peuples* (Paris, 1785, tome III,
page 5), du grand-prêtre des Juifs qui portait des caleçons en *lin
retors*.

Sacerdotibus gratissimæ [1]. » *Vestes xylinæ,* étaient sy-
nonymes de *Vestes byssinæ,* et c'était bien de ces étoffes
dont nous entretiennent les anciens écrivains, lorsqu'ils
font mention des κοθονια que l'Inde exportait autrefois en
Égypte ; elles furent remplacées par les *Cotonnades,* que
fournirent longtemps après les Indes à l'Europe aux seizième, dix-septième et dix-huitième siècles [2].

De la *Tela* des Romains à leur *Vitta, Vittata, Fascia,
Tænia,* et à la *Bandelette* des premiers Égyptiens, il n'y a
pas plus de différence que de la *Toile* moderne aux *Veta,
Liens, Rubans, Retors, Chevillières* et *Rouens,* des Gênois, des Espagnols, des Allemands et des Français.

Le ruban moderne, comme la *Vitta* ancienne [3], etc.,
est le nom générique d'un tissu étroit, varié par les matières et ses diverses teintures, servant à lier, à joindre, ou
à orner d'autres tissus, des vêtements, des meubles, etc.
L'opération du tissage se fait comme pour la toile. La largeur de l'article en constitue toute la différence.

[1] *Histoire naturelle,* l. XIX, § 11.

[2] L'*Encyclopédie méthodique,* traduit, à tort, t. V, p. 180, *xylon*
par *lin ;* cette plante, dont on tirait de l'huile et de la filasse, servait
aussi de nourriture aux chevaux . « Pabulum, peculiariter jumento-
rum, ut est fœnum avena et similes aliæ vel herba, vel semina. »

[3] *Vitta* tire son origine de *vitis,* vigne, à cause de la similitude
que les anciens avaient établie entre les sarments des vignes qui en-
lacent et entourent les arbres auxquels ils s'attachent, comme le ruban, la *vitta,* entrelacé autour du corps de l'homme, soit comme ornement, soit comme article d'utilité. Isidore, cap. xxiii. *De cingulis:*
« *Vitta* dicta, quod ea pectus vincitur instar *vittis* ligantis. » —
Cap. xxxi : *De ornamantis capitis fœminarum,* le même historien
nous décrit les trois usages de *rubans* ou *bandelettes* : « *Vittæ* sunt
quæ crinibus inectuntur quibus fluentes religantur capilli : et *Vittæ*
dictæ quod vinciunt. » — « *Tænia,* autem est *Vittarum* extremitas
dependens diversorum colorum. » — « *Vitta* est qua corona vincitur : Tænia vero extrema pars *Vittæ* qua dependent coronæ. »

L'Égypte, au temps des Sésostris et des Pharaons, consommait, considérablement de cette toile étroite et de largeurs multiples. Non-seulement le ruban devait, comme plus tard chez les Grecs et les Romains, entrer dans l'ajustement et l'ornement des vêtements des prêtres et des femmes; mais, il faut le reconnaître, les habitants de cette contrée de l'Afrique l'avaient utilisé aussi pour la préservation des corps de ceux qui leur étaient chers.

Il y avait, dit Hérodote, trois différentes manières d'embaumer, suivant la dépense que l'on voulait faire [1], mais aucun auteur, ancien ou moderne, n'a expliqué clairement comment les différentes bandelettes entouraient les momies de leurs nombreux méandres, et, surtout, *quelle était la nature de toutes ces bandelettes.*

Selon Hérodote, dont le texte est formel : « Les corps « étaient enveloppés *entièrement* de *bandes de toile de* « *coton*, enduites de gomme, dont les Égyptiens se ser- « vaient comme de colle [2]; » cet avis, qui est émis par M. Rouelle, dans un remarquable mémoire sur les embaumements [3], est corroboré par deux savants, Jomard et Costaz, dans leurs travaux publiés en 1811 sur l'expédition d'Égypte [4].

D'autres observateurs, au contraire, Greaved, Baüer, Dandré Bardon, etc..., disent que les momies étaient enveloppées dans de la *toile de lin.*

M. Alcan, dont nous avons déjà eu l'occasion de citer

---

[1] Livre II, § 86, 87, 88.
[2] La meilleure gomme provenait d'Égypte (Pline, l. XIII, § 20.
[3] Mémoire de l'Académie des sciences, année 1750, p. 59 et 123.
[4] Description de l'Égypte, t. I, p. 339.

l'excellent ouvrage, et qui penche pour la première opinion,
s'exprime ainsi : « Si les observateurs, aidés des plus puis-
« sants microscopes, ne sont pas d'accord sur l'existence
« du coton dans les bandelettes des momies, faut-il en
« conclure qu'elles n'en contenaient point? Nous ne le
« pensons pas, car la difficulté d'établir cette distinction
« des caractères naturels, sur des matières qui remontent
« à plus de vingt-cinq siècles, est immense, si l'on songe
« au rôle que joue le temps sur les produits de ce genre,
« enduits surtout d'une substance étrangère.

« Le caractère le plus distinctif des fibres du coton, les
« épaisseurs des bords résultant de sa conformation tubu-
« laire, et sa flexibilité particulière ont pu s'affaisser par
« l'action du temps.

« Les ruptures presque inévitables à l'effilochage auquel
« il a fallu se livrer pour faire ces observations ont dû
« également contribuer à dénaturer la substance. Il n'est
« donc pas étonnant que les parties rudimentaires des fils
« de l'étoffe offrent une certaine translucidité analogue à
« celle des filaments du lin vus dans un milieu conve-
« nable [1]. »

Eh bien! suivant nous, les partisans des bandes de coton
sont aussi bien dans l'erreur que ceux des bandes de lin.

En effet, d'après l'étude et l'examen approfondi que nous
avons pu faire des momies, tant en Égypte que dans les
musées de Paris, elles étaient entourées de *deux espèces*
de bandes : 1° *bandes de lin;* 2° *bandes de coton,* comme
l'explique parfaitement aussi M. Rouelle.

Les momies étaient enveloppées d'abord de bandes enduites de matières résineuses *entourant séparément le*

[1] *Traité complet de la filature du coton,* p. 6.

corps et chacun des membres, d'où, naturellement, des bandes de différentes largeurs, comme nous avons aujourd'hui des rubans de différents numéros. Or, ce premier bandage, destiné à serrer, à comprimer, à retenir enfin les matières ayant servi à l'embaumement (*le natrum*), devaient être nécessairement de chanvre ou de lin, tissu plus solide que le coton, offrant une très grande résistance aux influences atmosphériques, et devenant, sous l'action du liquide, comme aujourd'hui les bandes de toile trempées dans de l'amidon et placées autour d'un membre fracturé, d'une dureté très grande.

« Les premiers bandages, dit M. Maillet, consul au Caire, « et qui avait fait ouvrir une momie dans la maison des « Capucins, sont *durs et cassants* [1] .... »

L'autre espèce de bandage, qui emmaillottait en quelque sorte le corps et les membres ensemble, « sans matières « résineuses, chargé en dessus, d'après M. Maillet, de « figures hiéroglyphiques, et, en dessous, d'une écriture « très fine et qui paraissait être des vers rimés [2] ,» le seul, enfin, vu par Hérodote, qui dit que les corps étaient enveloppés *entièrement*, ne pouvait être formé, suivant nous, que de *bandes de coton,* et en voici la raison :

Le coton, par sa nature poreuse, est plus apte que tout autre tissu à recevoir des empreintes hiéroglyphiques et autres. Toutes les indiennes, en effet, sont en coton, et quand, il y a quelques années, M. de Villemessant créa le *Grand Journal*, les premiers numéros (*nous en possédons un donné par lui*) furent imprimés sur du calicot.

Quant à la raison qui fait que l'on croit généralement

[1] Mémoire de M. Rouelle, p. 135.
[2]   id.   id.   p. 136.

que les bandes qui entouraeint les momies étaient en lin,
elle est bien simple, et la voici : « les Égyptiens plaçaient,
« entre les deux bandages, différentes amulettes, auxquelles
« ils attribuaient de grandes vertus; aussi, trouve-t-on
« peu de momies enveloppées de ce second bandage, dont
« elles sont dépouillées, et dont le corps des plus pauvres,
« cependant, étaient entourés [1]. »

Les recherches dans les auteurs anciens ont amené la
découverte d'un document fort intéressant sur la quantité
de *Bandelettes,* ou *Ruban,* qu'exigeait l'embaumement
d'un personnage de qualité à l'époque des momies. L'auteur affirme que plus de **1,000** aunes de ce tissu avaient
été employées à cet usage, soit : **1,200** mètres, mesure
française, ou 3 paquets et demi de l'article, tel qu'il est
aujourd'hui fabriqué en Normandie (France)....... La
vente journalière d'un mercier détaillant colporteur euro-
péen!

Revenons à nos rubans.

Les modes grecques et romaines, de même que les
modes françaises, qui se répandent à notre époque dans
tout l'univers, employaient alors considérablement de *Ru-*

---

[1] Mémoire de M. Rouelle, p. 137.

bans [1] de *Bandes* et *Bandelettes,* etc. — 'Aucun texte ne nous révèle le lieu de fabrication de ces articles, que très probablement fournissait l'Égypte, qui paraît avoir été le berceau de la première industrie rubanière.

Stace, qui écrivait au premier siècle de notre ère, raconte : « qu'Ulysse (100 ans avant J.-C.), déguisé en « marchand, présenta, entre autres ornements de filles, « des *Bandelettes* à Achille déguisé [2]...».

Huit siècles après Stace, Isidore, célèbre prélat espagnol, nous apprend à son tour « que la ceinture portée par « les femmes et les filles (pour protéger la poitrine) était « quelquefois appelée *Bandelette du sein, Fascia mami-* « *liaris* [3]. » Le même encore s'exprime ainsi : « *Fascia, est qua tegitur pectus et papillæ comprimuntur atque crispante cingulo augustius pectus arctatur, et dicta Fascia quod in modum fasciculi corpus alligat. Hinc est Fasciolæ, quibus vulnera colligantur. Limbus est quem nos ornaturam dicimus. Fasciola est qua ambit extremitates vestium.....* »

Est-il besoin de prouver que le *corset moderne,* encore bordé de rubans et lacé par ceux-ci, n'est autre que le successeur de la *Fascia* des Romains?

[1] Dans Ménage, art. *Ruban,* on lit: « *Rubenus. rubanus, ruban.* » « Les plus beaux rubans sont couleur de feu. Les Espagnols l'appellent : *Veta,* de *Vitta.* » L'antiquité ne parle que de *bandelettes* blanches ou rouges. Ne pourrait-on pas décomposer le mot *ruban, de* cette manière : *rubra* et *band,* dont on a pu faire, par corruption : *rub...band, ruband, ruban?*

[2] *Achilléide,* I, chant II.

[3] *Origines,* l. XIX, ch. XXXIII.

La balustrade d'entourage du périmètre du nouvel Opéra, côté est, vient de recevoir, sur ses acrostères, des bayadères nues, en bronze antique, dont quelques-unes ont, autour de la taille, la véritable *fascia*. Elle retient ici une simple draperie dont, malheureusement, les plis forcés ne semblent exister que pour éviter une tache d'encre comme celle qui, il y a quelques jours, a donné tant de retentissement à l'admirable groupe de Carpeaux.

La *Bandelette-Fascia* qui, bien certainement, comme nous venons de le dire, tenait quelquefois lieu chez les Romaines du corset actuel, conserve sa même dénomination aussi bien dans son usage autour du cou de la femme, que sur la poitrine de l'homme. Le *Fichu* moderne, dérivatif de la *Fascia* antique, et le gilet, ont remplacé dans les modes d'aujourd'hui ces anciennes bandelettes, ainsi que l'attestent les deux citations suivantes : « *Fichu, comprime le sein naissant de ma maîtresse ; afin que je puisse le saisir et le couvrir d'une seule main* [1] ..... » — « *Une molle écharpe cachait ma poitrine velue* [2]. »

Plaute un siècle et demi après, nous parle de *Ban-*

---

[1]   *Fascia* crescentes dominæ compesce papillas,
      Ut si quod capiat nostra tegatque manus.
Martial, *Épigramme* xiv, vers 134. — *Fascia pectoralis*.

[2]   Mollis et hirsuteum cepit mihi *Fascia* pectus.
Properce, l. IV, ch. ix. — *Hercule Sancus*.

deletes employées à la coiffure des femmes mariées [1] :
Virgile, ce contemporain d'Ovide, et qui vivait au siècle
d'Auguste, traite le même sujet : « *Femmes latines, vous
qui êtes mères..... dénouez vos cheveux et célébrez avec
moi les orgies* [2]. »

Tibulle nous entretient aussi des femmes mariées qui
portaient des *Bandelettes* plus longues, plus riches, plus
ornées pour les faire distinguer des filles : « Qu'elle ap-
prenne de toi la chasteté, bien que le *Saint bandeau* ne re-
lève pas ses cheveux [3]....»

Avant que la mode française n'eût, au dix-neuvième
siècle, nivelé les coutumes de la coiffure et du vêtement,
l'on voyait encore, il y a peu d'années, les femmes de diverses provinces rassembler leurs cheveux avec des rubans
de fil ou de coton. Une *Bandelette de toile* entourait le
front des Normandes, pour assurer à leur pyramidale coiffure un point d'appui solide sur cette dernière.

Il ne faut pas confondre les *Bandelettes sacrées* des prêtres
et des victimes avec celles qui servaient ordinairement aux
femmes pour relever et nouer leurs cheveux : *Vittæ*, etc. [4].

[1]   Utque eam hic ornatam adducas matronarum modo :
      Capite compto crines *Vittas* que habeat assimilet que
            se tuam esse uxorem.
   Milit. II. l. 96.

[2]   . . . . . Io matres, audite, ubi quæque, latinæ ;

      . . . .

      . . . .

            Solvite crinales *Vittas* capite orgia mecum.
   Enéide, l. VII, vers 400.

[3]   Sit modo casta, doce, quamvis non *Vitta* ligatos
      Impediat crines,. . . . .
   Livre I, Élégie VI.

[4] Lucain, la *Pharsale,* chant V, vers 143, etc.

Valerius Flaccus ajoute que : « Les filles portaient des
« *Bandelettes* très simples. »

Properce dit, environ cinquante ans avant le Christ :
que : « Les femmes se paraient de *Bandelettes* le jour de
« leur mariage. »

Dans une lettre d'Aréthuse à Lycotas, on lit : « Présage
« de l'épouse, le flambeau qui me précédait emprunta pour
« moi à quelque bûcher, roulant sa sombre flamme ; c'est
« avec l'eau du Styx que je fus arrosée ; la *Bandelette* qui
« ceignit mes cheveux n'était pas droite ; et, quand je fus
« unie à toi, le Dieu n'était pas à nos côtés [1]. »

Quelques commentateurs assurent que les filles ne portaient qu'une seule *bandelette*. Ils citent Properce : « Quand,
« en présence des flambeaux d'hyménée, j'eus quitté la
« prétexte [2], qu'une *Bandelette* nouvelle eût noué mes
« cheveux [3]......»

L'heureux amant de Julie, dans ses *Métamorphoses*, en
parlant de la nymphe Calisto, s'exprime ainsi : « ...... Dès

[1]
      Quæ mihi deductæ fax omen prætulit, illa
        Traxit ab everso lumina nigra rogo ;
      Et Stygio sum sparsa lacu, nec recta capillis
        Vitta data est ; nupsi non comitante Deo.
   Livre IV, chant III.

[2] *Pretexta. Toga.* — Toge ornée d'une longue bande de pourpre,
empruntée primitivement aux Étrusques, et qui était portée par les
enfants de libre naissance des deux sexes, ainsi que par les principaux
magistrats, les dictateurs, les préteurs, les rois tant qu'il y en eut, et
quelques colléges de prêtres, à Rome, comme dans les colonies.
   Properce, IV, 1, vers 131.

[3]
      Mox, ubi jam facibus cessit prætexta maritis,
        Vinxit et acceptas altera *Vitta* comas ;
   Livre IV, chant XI. — Cornélie, épouse de Paulus, aux enfers.

« qu'une agrafe avait fixé les plis de sa robe et une *Ban-*
« *delette blanche* ses cheveux [1]. »

Le sénat romain avait accordé aux femmes, selon certains philologues, cette prérogative, avec quelques autres, en l'honneur de la mère et de l'épouse de Camille : «..... A
« l'usage déjà ancien des pendants d'oreille, il ajouta pour
« elles le *nouvel ornement* d'une élégante coiffure [2]....»

Tertullien, qui écrivait vers la fin du second siècle après J. C., s'avance jusqu'à dire : « Qu'il était peut-être défendu
« aux courtisanes, à Rome, de porter les *Bandelettes*
« comme les femmes des citoyens, car on leur avait inter-
« dit tout ce qui servait à distinguer ces dernières, *Matro-*
« *nalia decoramenta* [3]. »

Maintenant que nous avons assisté à l'emploi du *Ruban*, comme ornement de la tête et de la taille chez la femme, nous le voyons encore utilisé jusque dans sa chaussure, autour de la jambe, précédant la jarretière moderne, et devenant un des atours les plus coquets de l'ajustement féminin.

La *Bandelette*, il faut le remarquer, change de nom, chez les Romains, au fur et à mesure qu'elle se déplace dans le

---

[1] . . . . Ubi fibula vestem,
Vitta cærcuerat neglectos alba capillos.
   Ovide, livre II, vers 413.

[2] « .... Vertutis que aurium insignibus novum *Vittæ* descrimen adjecit..., » Valère Maxime, l. V, ch. ii. *De la reconnaissance chez les Romains.*

[3] *De cult. Femin.*, cap. XII.

vêtement. Ce peuple, maître de l'univers, la nommait : *Vitta*, à la tête; *Fascia*, autour de la taille, et *Armilla*, aux pieds.

D'après Ovide, on appelait *Periscelides* les *bandelettes* qui se croisaient sur le coude-pied et jusqu'au mollet pour fixer la chaussure. Lui-même cependant les nomme *Armillæ* [1].

Les Bacchantes portaient les *Periscelides* au-dessus du coude-pied [2].

A deux Victoires peintes sur un vase de terre cuite appartenant, en 1792, à M. Mengs, cette *bande* faisait cinq fois le tour de la jambe.

A une époque déjà ancienne, toutes les femmes de l'Orient remplacèrent la *bandelette de Ruban,* par de magnifiques jarretières. Cet usage passa dans la Grèce et dans l'Italie, où les femmes galantes se vantaient d'avoir des jarretières fort riches; mais c'était aussi un ornement des filles les plus sages, parce que leurs jambes étant découvertes dans les danses publiques, leurs brillantes jarretières servaient à les faire remarquer et à relever leur beauté.

Elle devait aussi être bien belle, la jarretière de la comtesse de Salisbury, puisqu'elle servit de base à la création d'un ordre de chevalerie.

Il nous a été impossible, malgré toutes nos recherches, de savoir si les nobles dames romaines plaçaient leurs jarretières au-dessous ou au-dessus du genoux, les auteurs anciens gardant, à cet égard, le plus modeste silence.

---

[1] Fregerat *Armillas*, non illa ad brachia factas
Scindebant magnos vincula parva pedes.
[2] *Les Fastes*, livre II, vers 323.

Les anciens s'enveloppaient donc les jambes et les pieds dans des *bandelettes*. Tantôt elles servaient à assujettir la chaussure : c'est à elles que les modernes donnent le nom de *brodequin* et, par corruption, celui de *Cothurne*. Tantôt elles servaient à couvrir les pieds et à les défendre de l'injure des saisons : « *Fasciæ crurales, pedules que et impilia loco vestium sunt* [1]. »

L'antiquité, dans une critique contre Pompée, nous fournit un document historique sur cet ornement de la jambe : « *Qu'importe, dit Favonius, sur quelle partie du corps on place le diadème* [2]. » Par cette plaisanterie, il reprochait à Pompée de porter autour de la jambe une *bandelette blanche*, alors signe de la royauté, aussi bien que le diadème autour du front.

Actuellement, l'usage des chaussures dites *bottes et bottines* a fait disparaître chez beaucoup de nations civilisées jusqu'au souvenir de l'emploi des *bandelettes*. Néanmoins leur usage n'a pu être banni entièrement. Nous le retrouvons sous la dénomination de *Tirants de bottes* et de *bottines...*

Non-seulement autrefois, comme au dix-neuvième siècle, la femme, par sentiment de coquetterie, et l'homme, par habitude, se servaient de *Rubans* dans leur toilette, mais encore, d'après les poètes de l'antiquité, on voit souvent

---

[1] Ulpien (lib. XXV, § *Fasciæ* de auro....)

[2] Cui candida *Fascia* crus alligatum habenti Favonius, non refert, inquit, qua in parte corporis sit diadema. » — Valère Maxime, l. VI, ch. II, 7.

cette *bandelette* sur leur tête et sur celle de philosophes. Les éditeurs des monuments d'Herculanum l'ont reconnu, en conséquence, pour un de leurs attributs. Un tombeau étrusque nous offre une école de philosophes qui, pour la plupart, portent cette *bandelette* [1].

Stace, dans les vers suivants, fait allusion à ces *bandelettes blanches* : « *Et maintenant, chantre du malheur, sans* « *bandelette et sans couronne* [2]..... »

Plus loin il dit : « *Ce n'est pas la première fois que les* « *blanches bandelettes ornent ma chevelure* [3]..... »

On confondit, dans les premiers temps, les poètes et les devins ou interprètes des Dieux, *Vates,* mais ces derniers étaient couronnés de laurier et de *bandelettes.* « *C'est là* « *que les deux interprètes des Dieux, le front ceint d'une* « *pâle couronne d'olivier et les tempes ornées de bande-* « *lettes blanches* [4]..... »

Dans Virgile il est aussi question de la *bandelette sacrée* des prêtres : « *Anius, roi de ces peuples et grand-prêtre* « *de Phœbus, le front ceint à la foi du bandeau royal et* « *du laurier sacré* [5]..... »

Au chapitre X de son Énéide il dit : « *Non loin de là*

---

[1] Musée Etrusque, t. III, pl. 44.

[2]   Et nunc (heu) *Vittis,* et frontis honore soluto,
         Infaustus Vates........................
Livre II, silve i. — Le Tombeau de Glaucias Melior.

[3]   Nec mea nunc primio albescunt tempora *Vittis.*
Achilléide, l. I, vers ii.

[4]   Hunc gemini vates sanctam canentis olivæ
         Fronde comam, et niveis ornati tempora *Vittis.*
Stace, livre III, vers 466.

[5]   Rex Anius, rex idem hominum, Phœbi que sacerdos
         Vittis, et sacra redimitus tempora lauro..........
Énéide, livre III, vers 80.

« *s'offre à ses yeux le fils d'Hémon, grand-prêtre d'A-*
« *pollon et de Diane; la tiare ceignait ses tempes de ban-*
« *delettes sacrées* [1]. »

Dans la *Thébaïde* de Stace, on lit : « ..... *Mais il couvre*
« *sa tête de la mitre sacerdotale, qui ne lui appartient*
« *pas, et d'où s'échappent les bandelettes sacrées enlacées*
« *au vert feuillage de l'olivier* [2]..... »

Isidore, dans un chapitre sur les ornements, décrit minu-
tieusement l'usage des *bandelettes* portées par les prêtres
de son époque : « *Infula est Fasciola sacerdotalis capitis*
« *alba in modum diadematis, qua Vittæ ab utraque*
« *parte dependent, quæ infulam vinciunt* [3]. »

Les prêtresses étaient aussi couronnées de *bandelettes*.
Juvénal parle de celles du temple de Cérès : « *Il en est si*
« *peu qui méritent de toucher aux bandelettes* [4]..... »

Puis, Stace, dans la description du costume de la prêtresse Manto : « ..... *Sa chevelure hérissée est nouée par*

---

[1]   Nec procul Hœmonides, Phœbi, Triviæque sacerdos,
         Infula cui sacra redimibat tempora *Vitta*.
   Vers 538.

[2]   ....; sed falsa cucurrit
         Infula per crines, glaucæque innexus olivæ
         Vittarum provenit honos...............
   Livre II, vers 95.

[3] Cap. xxx. *De Ornamentis*, l. XIX.

[4]   Paucæ adèo Cereris *Vittas* contingere dignæ.
   Satire VI, vers 50. — Dandré Bardon, t. I, p. 6, raconte que les
Vestales employaient pour se coiffer : le voile, la couronne et les *ban-*
delettes, ne négligeant rien de ce qui pouvait relever leur beauté.

« *des bandelettes, au lieu de laurier, qui ceignent son*
« *front* [1]... »

Cette coutume sacrée s'est perpétuée et conservée
jusqu'à nos jours dans presque toutes les communautés de
femmes, où les religieuses se ceignent encore le front avec
une *bandelette* ou *ruban* de grande largeur en pur lin.

Les statues des dieux étaient ornées de *bandelettes*. Virgile, en parlant du siége de Troie, dit : « *Mais depuis que*
« *Diomède et Ulysse..... eurent osé saisir l'auguste image*
« *(le palladium) et de leurs mains ensanglantées toucher*
« *les bandelettes virginales* [2]..... »

A notre époque, dans le culte catholique des campagnes
de la France et des royaumes voisins, aux grandes fêtes
de l'Église, il est d'usage religieux d'ornementer les statues
des saints de *rubans* de diverses couleurs et de les revêtir
d'étoffes de fil et de coton, etc., etc.

Les suppliants portaient dans leurs mains des *bande-*
lettes, ainsi que le dit encore Virgile : « *Si vous nous voyez*

[1] .... Torvis que ligatur
    Vitta comis; nam laurus erat................
  La Thébaïde, livre X, vers 645.

[2] ....
    Corripuere sacràm effigiem, manibus que cruentis
    Virgineas ausæ divæ contingere *Vittas.*
  Virgile, *Enéide*, livre II, vers 168.

« *humbles devant vous et portant les bandelettes de la*
« *paix, avec des paroles de suppliants,* etc. [1]. »

Stace écrit, en parlant des mères désolées d'Argos, introduites par Junon dans les murs d'Athènes : « *Elle met*
« *en leurs mains des rameaux d'olivier, les bandelettes*
« *des suppliants* [2]. »

Horace, dans son ode XIV, parlant du retour d'Auguste dit aussi : « *Que celle dont le plus grand des époux*
« *fait la gloire aille s'acquitter envers les dieux; suivez-la,*
« *le front ceint de pieuses bandelettes* [3]..... »

L'on ceignait aussi de *bandelettes* la tête des prisonniers : « *La prêtresse grecque arrosa d'eau lustrale les*
« *deux prisonniers, puis ceignit leur chevelure d'une*
« *longue bandelette. Pendant qu'elle prépare le sacri-*
« *fice qu'elle couvre lentement leur front du bandeau*
« *sacré* [4]..... »

---

[1] .... (Ne temne quod ultro
Præferimus manibus *Vittas,* ac verba præcantûm.)
Enéide, livre VII, vers 236.

[2] Ipsa manu ramos que oleæ *Vittas* que precantes.
La Thébaïde, livre XII, vers 468.

[3] Unico gaudens mulier marito
Prodeat, justis operata divis,
Et soror clari dulcis, a decoræ
Supplicè *Vitta.*

[4] Spargit aqua captos lustrali Graia sacerdos,
Ambiat, ut fulvas infula longa comas.
Dumque parat sacrum, dum velat tempora *Vittis.*
....
Ovide, *les Pontiques,* livre III, lettre II, vers 75.
Le rôle des *bandelettes* de tête change de nom d'après le traducteur,

Les victimes que l'on offrait aux Dieux étaient ornées de
bandelettes, dit encore Stace : « ..... *Une génisse ornée de*
« *bandelettes appela sa mère* [1] ; » ainsi que Virgile :
« *Bandelettes saintes qui pariez ma tête sous la hache* [2]. »
Le même auteur dit encore : « Souvent la victime
« amenée devant les autels des dieux et déjà ceinte des
« *Bandelettes* [3]. »

On entourait de *Bandelettes* les autels et les portes des
temples, comme on le fait encore aux solennités chrétiennes :
« Des *Bandelettes de pourpre* couvraient le seuil de cette
« retraite où nul sentier ne conduisait [4]... »
Stace, décrivant le bois sacré qui entoure l'autel au centre
de la ville d'Athènes : « A l'entour est un bois tranquille, où

selon l'emploi qu'il remplit, soit comme coiffure-bandeau : *Vitta ;*
soit comme ornement de cette dernière : *Infula-longa.*

Sénèque, donnant au bandeau la valeur du diadème, l'appelle
Fascia. « Si vis illum estimare, totumque scire qualis sit *Fasciam*
« solve. — Si vous voulez le bien connaître et savoir son prix véri-
« table, dépouillez-le de ce bandeau : » (Epître LXXX à Lucilius).

[1]   .... *Vittatâ* genetrix placata juvencâ est.
Achilléide, livre II, vers 3oo.

[2]   .... *Vittœ* que Deûm, quas hostia gessi.
Enéide, livre II, vers 156.

[3]   Sæpe in honore deum medio stans hostia ad aram
     Lanea dum nivea circumdatur infula *Vitta.*
Géorgiques, livre III, vers 487.

[4]   Impunè et nullis sacra retecta viris
     Devia puniceæ velabant limina *Vittœ.*
Properce, livre IV, chant ix. Hercule Sancus.

« croissent des lauriers chargés de *Bandelettes*, objet d'une
« profonde vénération, et l'olivier, arbre des suppliants [1]. »
Virgile, dans son Enéide : [2] « … De lugubres autels parés
« de *Bandelettes* et de cyprès au feuillage funéraire [3], » etc.

Tous les anciens textes se résumant dans les citations ci-
dessus, on reste en présence d'un problème historique à
résoudre et l'on s'adresse ces deux questions : A quelle
époque l'industrie des *Bandelettes* a-t-elle quitté l'Égypte ?
Pourquoi, après avoir exporté son industrie en Grèce et en
Italie [4], sans que ces deux contrées en aient conservé un
souvenir, ni le moindre élément de fabrication, la retrouve-
t-on monopolisée et florissante en Allemagne vers le quinzième ou seixième siècle ? M. Guillaumin (*Dictionnaire du
Commerce*) nous fournit, dans un article cité déjà par
Frédéric Passy [5], une hypothèse révélatrice, en s'adressant

---

[1] Mitte nemus circa, cultuque insigne verendo
   Vittatæ laurus, et supplicis arbor olivæ.
La *Thébaïde*, livre XII, vers 92.

[2] . . . . Stant manibus aræ
   Cœruleis moestæ *Vittis* atraque cupresso.
Livre III, vers 64.

[3] Jusqu'alors les textes précédents ne nous parlaient que de *bandelettes* blanches et rouges.

[4] La *Rubanerie* moderne a conservé, dans ses tarifs actuels, une
ancienne dénomination qui indique que certains rubans teints étaient
autrefois tissés en Italie. Ceux-ci s'appellent encore *Padoux*, de la
ville de Padoue, leur ancien siége de fabrication.

[5] *Les Machines et leur influence sur le développement de l'huma-
nité* --- Paris 1866, p. 16.

et en répondant à cette demande : « Qu'était-ce, il y a
« quelques siècles, que le coton ? La matière première des
« mèches à chandelle [1]. Quelques balles importées acces-
« soirement par les *Vénitiens* et les *Génois* suffisaient à cet
« usage. Plus tard, vers 1430, on eut l'idée d'employer cette
« substance à la confection d'étoffes grossières dans le genre
« des *Futaines* flamandes, et quelques armateurs de Bristol
« et de Londres commencèrent à l'envoyer chercher direc-
« tement dans le Levant. Jusqu'au dernier tiers du siècle
« dernier, cependant, époque de l'apparition des grandes
« inventions d'Hargreaves et d'Arkwright, ce n'était en
« Angleterre même qu'une industrie de peu d'importance
« à laquelle suffisaient, tant pour la filature que pour le
« tissage, sept à huit mille ouvriers à peine.... »

C'est donc vers la fin du quinzième siècle, qu'à la suite
des *Génois* et des *Vénitiens*, par leurs rapports avec la Hol-
lande et la Flandre, que vint se fixer au pays de Juliers, et
principalement à Elberfeld et aux environs, la productive
et antique industrie des *Bandelettes,* qui prit en ce lieu le
nom *Ruban,* duquel sont sorties les dénominations depuis
francisées de : *Bande, Banderole, Bandolière, Bandeau,*

---

[1] Depuis l'usage des lampes, la fabrication des mèches de ces dernières rentrait quelque peu dans la catégorie des *tissus croisés,* as-
sortis aux *rubans.*

« La mèche de la lampe antique, trouvée à Grand (Vosges), en
1845, était plate, très mince, en lin, et tissée beaucoup plus fine-
ment que nos mèches actuelles. » (*Annales de la Société d'émulation
des Vosges,* t. VI, 1846, p. 1.)

Bandelette; que Ducange, dans son glossaire, veut faire
dériver d'un mot allemand : *Band ?*

Le *Ruban*, qui a donné son nom à la *Rubanerie* [1], est,
comme nous l'avons dit, un tissu étroit, de toutes couleurs,
variant de fabrication suivant la matière dont il est composé
et les usages auxquels on le destine. Il sert pour ceintures,
ainsi que pour orner, joindre, lier, border et relier. Il sert encore pour une foule d'objets de toilette et autres, comme : des
chapeaux, des bonnets, des vêtements, des meubles, au dos
des livres, dans la reliure, etc., etc. On le voit actuellement

[1] On lit dans le *Dictionnaire français illustré*, dirigé par Dupiney
de Vorrepierre, Paris 1864 :

« Les *rubans* sont des tissus étroits, plats et minces, de diverses
« matières et couleurs variées qu'on emploie comme liens, bordures,
« ornements, dans une multitude d'objets de toilette, de vêtement et
« d'ameublement.

« La *Petite Rubanerie* comprend les rubans de filoselle, de fil,
« de laine, de coton, etc. Les rubans de filoselle, connus sous le nom
« de *Padous*, se fabriquent à Lyon et à Saint-Etienne. Ceux de fil,
« unis ou croisés, se nomment *Rouleaux*, et viennent en grande
« partie de la Normandie. L'Auvergne produit les rubans grossiers
« de fil roux, appelés *chevillières rousses*. Enfin, c'est de la Picar-
« die que proviennent surtout les rubans de fil et coton, de laine et
« coton, connus sous le nom de *Galons*, et ceux de laine pure appe-
« lés ordinairement *Tresses*.

Le *Dictionnaire des Origines*, par Dorigny, Paris 1779, t. VI,
p. 52, nous entretient ainsi d'une variété de rubans : « La mode des
« *rubans gaufrés* s'est établie en France, il y a plus d'un siècle. On
« les fabriqua d'abord avec des plaques d'acier, sur lesquelles étaient
« gravés toutes sortes de fleurs et d'oiseaux, mais ce procédé ayant
« plusieurs inconvénients, entre autres celui d'être très long, le sieur
« Chandelier, marchand rubanier à Paris, inventa une machine en
« forme de laminoir, par laquelle on gaufrait, en quelques minutes,
« ce qui aurait demandé plus d'une heure de travail, suivant l'an-
« cienne méthode. »

utilisé plus que jamais dans l'armée. C'est avec le ruban que l'on scelle et ferme les boîtes de cartouches du fusil Chassepot. Chaque boîte de neuf cartouches exige, à elle seule, environ trente centimètres de *Ruban* ou *Retors*, fil et coton.

L'ouvrier qui tisse le ruban s'appelle *Rubanier* [1]. Les autres employés de la partie se nomment : *Bobineurs, Traineurs, Ourdisseurs, Encolleurs, Sécheurs, Cylindreurs, Plieurs, Empaqueteurs, Enveloppeurs, Presseurs, Marqueurs*, etc., etc. [2].

Les *Rubans de fil* et *de coton* se fabriquent encore en grande partie sur un métier de tisserand, et nous l'avons déjà dit, d'après le même procédé que celui des toiles [3]. Autrefois les *rubans de fil* et *de coton* étaient tissés sur un métier à deux marches ; pour ceux croisés, on se servait du

[1] Dans le *Dictionnaire* de Trévoux on trouve : « *Rubanier*, ouvrier qui fait des rubans : *Vittarius*. Il fait aussi de la passementerie, etc., etc, »

[2] Dans la rubanerie normande, si nombreuse que soit la famille du tisserand, il y a emploi pour tous : jeunes, valides ou vieillards. L'enfant, dès l'âge de quatre ans, comme ses vieux parents atteints par la décrépitude, fait indistinctement la trame, ou la bobine, pendant que les autres manipulent la chaîne et tissent le ruban.

[3] Les provinces qui ont toujours été les plus renommées pour la fabrication des toiles, en France, sont : la Bretagne, la Flandre, la Normandie et la Picardie. L'*Armorial général de la Noblesse*, par d'Hozier, a conservé les armoiries des diverses corporations et communautés de toiliers et tisserands qui existaient encore en 1696. Nous les avons publiées à la suite de ce travail.

métier à quatre marches; aujourd'hui on a appliqué le métier à la barre à cette fabrication ; on a aussi commencé à
tisser au moyen de machines à vapeur.

Les trois quarts au moins de la fabrication des *Rubans
blancs, bis* et *roux* (ces derniers appelés plus particulièrement *Chevillières),* a lieu au moyen des habitants des
campagnes. C'est surtout pendant les mauvais temps, et
plus particulièrement l'hiver, alors qu'ils ne peuvent travailler à la terre, qu'il se produit le plus de ruban.

La fabrication des *Rubans de fil* et *de coton*, ainsi qu'on
va le voir plus loin, n'est pas très ancienne en France, bien
qu'elle y ait pris depuis peu de temps un immense développement.

Vers 1780, époque où cette industrie allait être importée
de nouveau en France, et pour la première fois en Normandie [1], par un modeste et simple paysan, *Jean-Baptiste*

[1] Au tome XIV de l'Encyclopédie, publiée à Neufchastel en 1765,
article: *Ruban, Rubanier, Rubanerie*, on voit qu'il existait encore
au milieu du siècle dernier, à Paris, une communauté de *maîtres-ru-
baniers*, qui prenaient la qualité de *tissutiers-rubaniers* de la ville
et des faubourgs de Paris. C'était ces fabricants qui s'appelaient:
Ouvriers de la petite navette, pour les distinguer des marchands
ouvriers en drap d'or, etc., qu'on nommait : *Ouvriers de la grande
navette*, dont le blason figure en tête de la planche III.

Cette corporation, qui devait faire corps avec celle des passemen-
tiers, ne fabriquait bien certainement pas les *rubans allemands*, im-
portés par Masselin dans la région de Bernay (Normandie). Aucun
indice de cette fabrication ne s'est jusqu'alors présenté pour contre-
dire notre hypothèse affirmative.

Masselin père, né à Saint-Vincent-du-Boulay (Eure), Elberfeld et Barmen, villes limitrophes, pour ainsi dire, étaient le centre industriel du globe possédant la plus belle et la plus considérable fabrique de *Rubans*.

Masselin fut donc le premier Français et tisserand normand qui pût prétendre au titre d'importateur de la *Rubanerie* dans sa patrie.

Sa bonne fabrication comme *Patron-Rubanier* fit école. Trois autres compatriotes l'imitèrent. Parmi eux : *Martel*, dont la petite-fille devait épouser plus tard *Jean-Baptiste Masselin* fils aîné, dont il va être parlé.

Ces Français donnèrent aux *Rubans* normands, tissés alors exclusivement en fils de lin, la dénomination de *Retors*, du vieux mot *Retours*, qui semblait convenir à ce genre de tissu [1]. Les *Rubans* fabriqués avec les fils de lin achetés en Normandie, et mélangés avec ceux provenant de l'Allemagne, s'appelèrent aussi : *Rouens*. Cet autre nom provient des habitudes qu'avaient prises *Masselin* père et ses imitateurs de se rendre (une fois leur chaîne tissée), à la halle de Rouen. C'était sur cette place que s'écoulaient mensuellement les produits de leur petite fabrication.

Le *Ruban,* chaîné et tissé en coton, ne fut essayé en commerce que longtemps après, sous le règne de Napoléon Ier. Ce fut à ce moment que le premier *Patron-Rubanier*, *Masselin père,* céda à son fils aîné *Jean-Baptiste*

[1] Dans une lettre de Sénèque à Lucilius, ce mot était déjà en usage, puisqu'il parle des « fils retords » (*Torqueantur fila*, l. XC).

Masselin les premiers éléments de fabrication, que celui-ci fit prospérer, et qui devinrent la richesse de la contrée.

La première syllabe du nom de *Masselin* : MAS, pour les rubans en pur fil ; ses initiales M J, placées sur l'article tramé coton et chaîné fil ; sa lettre M, sur le *lien* pur coton, devinrent alors des marques de noblesse industrielle [1], qui l'enrichirent ainsi que ceux qu'il avait admis au partage de ses succès futurs.

Les milliers d'ouvriers qui aimaient *Masselin aîné* comme leur père, le considéraient à juste titre comme le vrai fondateur de leur industrie. Il fut toujours leur bienfaiteur et, pendant plus d'un demi-siècle, le défenseur et protecteur de leurs intérêts.

L'ostracisme et l'éloignement du pays furent la seule récompense accordée à *Jean-Baptiste Masselin*, qui vit en moins de deux années les passions locales anéantir sa belle fortune, les riches épaves de son passé florissant dispersées, sa femme et ses enfants plongés avec lui dans l'adversité.

Au moment où l'Égypte, par la création du canal de Suez, pouvait reconquérir une industrie prospère, que *Jean-Baptiste Masselin* aurait été fier de lui apporter, la mort est venue le ravir à ceux qu'il avait édifiés pendant toute sa vie.

[1] Les rubaniers de Bernay ont adopté pour blason les mêmes armes que les toiliers de la région : *D'azur à une navette d'or en chef et une demi-aune d'argent en pointe.* (Voir Planche I.)

Avant cette époque, une lueur d'espoir avait cependant brillé à ses yeux. Le 5 mai 1867, l'Empereur reçut une députation, à la tête de laquelle se trouvait Masselin, fondateur de la Société coopérative de Bernay, et Sa Majesté promit d'aider cette dernière œuvre, comme elle avait aidé les mêmes sociétés de Lyon et de Paris [1].

Ces braves ouvriers attendent encore, *malheureusement*, la réalisation de la promesse impériale !

[1] Cette députation se composait de MM. André Boudin et Jean Aubry, maîtres tisserands, Isidore Houard, comptable, Le Metayer-Masselin, directeur de la fabrication, etc., tous membres de la Société coopérative.

CHAPITRE III

LA RUBANERIE

AU

XIXe SIÈCLE

D'après une enquête industrielle qui eut lieu à Bernay (*Normandie*), en 1863, il fut reconnu que la vente des rubans français, dans cette seule région, avait été de 5,500,000 francs. En ajoutant à ce chiffre celui des articles étroits en coton et fil, qui sont similaires au ruban (*sangles, tirants de bottes et de bottines, dobels, sergés, etc.*), on arrivait à dépasser la somme de six millions.

La Prusse rhénane, dans le cercle de Barmen et d'Elberfeld, fabrique, d'après des statistiques qu'il est très difficile de se procurer, le double de la France, c'est-à-dire pour une somme de douze millions.

La France absorbe pour 1,5oo,ooo francs, ou le quart environ de sa production.

Quant à la Prusse, elle absorbe, tant pour elle que pour l'exportation européenne, dont elle a su accaparer le monopole, pour trois millions de rubans.

L'exportation des *retors* européens, en Amérique, est insignifiante, puisque cette contrée fabrique aussi bien que la Prusse ou que la France, et qu'elle absorbe toute sa production.

L'Égypte récoltant, comme l'Amérique, le coton et le lin, qui conviennent aux rubans européens, peut, très facilement, attacher à son sol une très grande partie de l'industrie rubanière, que se partagent, depuis longtemps, deux puissances seulement de l'Europe.

En laissant de côté : 1° le bon marché excessif d'une matière première, que l'on paie, en moyenne, 3 fr. 50 le kilogramme en Europe, et que le sol égyptien produit si facilement ; 2° une main-d'œuvre approximative de 2 fr. 50 par jour, qui se trouverait réduite de beaucoup en Égypte, où les exigences et le bien-être des masses ouvrières ne sont pas à comparer à ce qui a lieu en France et en Prusse [1], voici les bénéfices approximatifs que la rubanerie apporterait au gouvernement égyptien, s'il pouvait en prendre le monopole.

La moyenne des bénéfices, pendant plus de quarante années de fabrication française, a été (*escompte déduit*) de 25 o/o. Il y a eu, il est vrai, des années de 30 et d'autres de 44, mais c'était une exception.

[1] On peut citer comme exemple les usines à gaz d'Alexandrie et du Caire, où les chauffeurs, journellement exposés à l'ardeur de fours incandescents, ne touchent que 2 francs de salaire par jour.

La rubanerie prussienne, mieux dirigée, a réalisé des fortunes colossales.

Récapitulons maintenant les premiers chiffres annuels d'affaires :

1° La France : *Bernay*, *Orbec* et autres centres normands exportent, en dehors de l'Europe, pour une somme de. . . . . 4,500,000 fr.

2° La Prusse : *Barmen, Elberfeld* et leur cercle de fabrication exportent, dans les mêmes pays, pour une somme de. . . . 9,000,000

Total. . . . 13,500,000 fr.

D'où, *bénéfice net,* en ne comptant que 25 o/o, c'est-à-dire le minimum. . . . 3,375,000 fr.

Nous disons bien : *Trois millions trois cent soixante-quinze mille francs!*

Ce beau chiffre de bénéfices pourrait facilement se doubler dans le pays du lin et du coton. Ici, en effet, plus de transports onéreux de l'article et de sa matière première ; plus de ces frais qui augmentent considérablement le prix des marchandises avant leur arrivée à destination. Tout, au contraire, devient avantageux, dès l'instant où le travail s'opère sur le sol producteur.

Quant aux moyens de fabrication, ils ne sont pas coûteux, si l'on admet les habitudes européennes. En France, comme en Prusse, chaque tisserand rural possède son métier à lui, tisse dans son intérieur, et rapporte aux magasins, en échange du coton et du fil qui lui ont été confiés par son maître, le ruban tout tissé et disposé pour les apprêts.

Quelques tissages mécaniques sont cependant nécessaires, surtout, et plus spécialement, pour les articles de fantaisie et de vente courante très pressée.

Avec une installation d'un chiffre raisonnable on pourrait non-seulement tisser avec facilité, et mécaniquement, les rubans en Égypte, mais encore les apprêter à l'européenne.

L'Égypte peut donc, si elle le désire, *s'emparer de suite de cette industrie,* la seule qui n'ait jamais subi de fluctuations commerciales. Sa marche, toujours croissante, s'explique en raison du luxe effréné et de la mode, et cela malgré toutes les brochures que pourront faire les Dupin ou autres, sur leurs réminiscences des lettres de Sénèque à Lucilius.

Les nouveaux débouchés, ouverts au commerce par le canal de Suez, faciliteront à l'Italie, à la Grèce, à la Turquie, au sud de la Russie, à la Perse, à l'est de l'Afrique, aux Indes enfin, et à toute l'Asie le moyen de s'approvisionner de ruban en Egypte.

Il sera plus avantageux à toutes ces nations d'acheter aux comptoirs égyptiens, que d'aller s'approvisionner à Marseille où, déjà, les *retors* se vendent beaucoup plus cher qu'au lieu de production. Il est reconnu que la rubanerie de cette place vient de Bernay et de ses environs, quand elle ne vient pas, en seconde main, de Paris.

Aucuns des fabricants normands ne veulent courir les

chances de l'exportation, et ils laissent ces risques au commerce de Paris et de Marseille.

Que faudrait-il pour créer en Égypte cette industrie? une centaine de tisserands de bonne volonté, disposés à aller près d'un grand centre, *Damanhour* ou *Tantah*, par exemple, établir une colonie agricole et industrielle.

Quant à la dépense pour le Vice-Roi, elle serait insignifiante : une concession de deux à trois hectares de terrain par famille, quelques balles de coton, et la vie matérielle assurée pendant trois mois.

Des *patrons-rubaniers,* nous pouvons l'affirmer, ne demandent pas mieux que de se déplacer. Ces *patrons* feraient promptement école et trouveraient dans leur nouvelle patrie, parmi la classe si intéressante des *Fellahs*, des élèves qui, devenus à leur tour patrons, pourraient, plus tard, nationaliser cette nouvelle industrie. Nous avons vu le *Fellah* à l'œuvre, et l'intelligence ne lui manque pas.

Une année suffirait, aisément, pour rendre l'Égypte maîtresse absolue de la situation, car sa richesse cotonnière lui permettant de satisfaire très facilement à toutes les demandes, elles convergeraient, évidemment, comme nous l'avons prouvé, vers cette nouvelle contrée productive et manufacturière.

Dans un temps plus où moins éloigné l'élément étranger doit s'effacer devant l'élément indigène, car l'Eygpte, et le Vice-Roi l'a compris depuis long-temps, ne doit pas rester en tutelle, mais *tout métier veut être appris.*

N'oublions pas que nous vivons dans un siècle de hardiesses industrielles, que celle-ci est pratique et sûre, et que pour le Vice-Roi Ismaïl-Pacha : *Vouloir c'est pouvoir.*

Espérons donc que notre faible voix sera entendue, car les royaumes ne prospèrent qu'en proportion de leur commerce, et que leur commerce fait leur fortune. L'Éypte l'a ressenti pendant la guerre d'Amérique.

Répétons enfin, en terminant cette rapide esquisse, que cette contrée qui, depuis quelques années, semble se réveiller de son sommeil séculaire, va voir s'accroître, grâce à la puissante intelligence et à la courageuse persévérance de M. Ferdinand de Lesseps, son commerce et sa richesse; mais ce n'est pas assez que l'Égypte soit l'entrepôt général de l'Occident et de l'Orient, elle doit redevenir forcément, aussi, le pays des manufactures, en attendant qu'une intelligence d'élite rende à son sol, par le rétablissement d'une irrigation méthodique, qui fera à volonté sortir le Nil de sa couche, sa fertilité primitive.

5 Janvier 1870.

BLASONS

CORPORATIONS ET COMMUNAUTÉS

DE L'INDUSTRIE TOILIÈRE ET RUBANIÈRE

D'APRÈS

L'ARMORIAL GÉNÉRAL DE LA NOBLESSE DE D'HOZIER

TABLE

F.º 645.

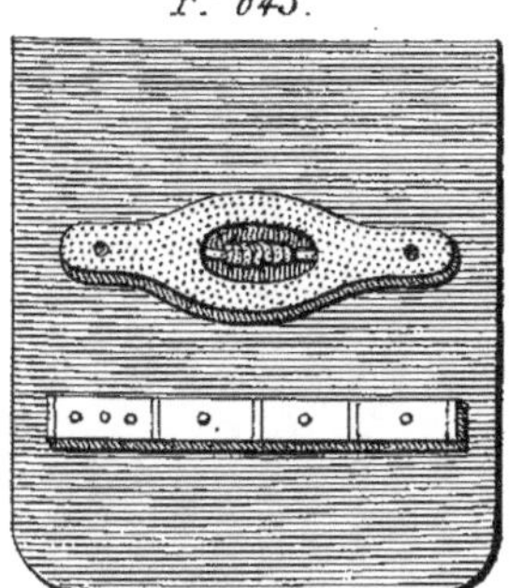

Toilliers de Bernay.

F.º 1085.

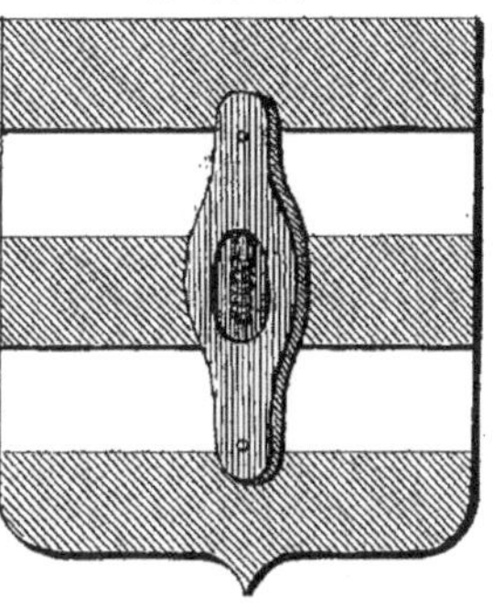

Telliers - Tisserands.
de Vernon.

F.º 582.

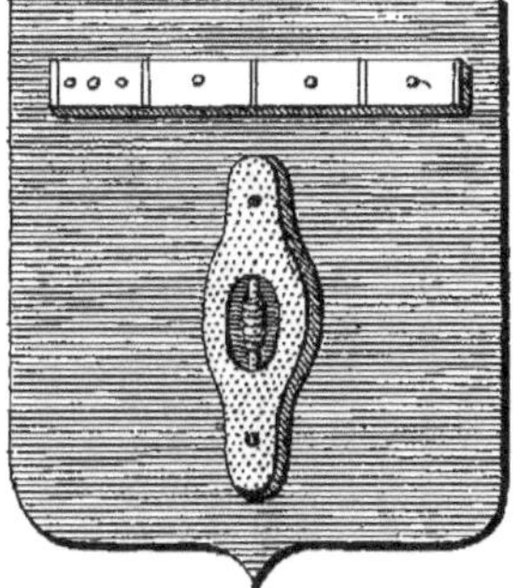

Toilliers de Lisieux.

F.º 1123.

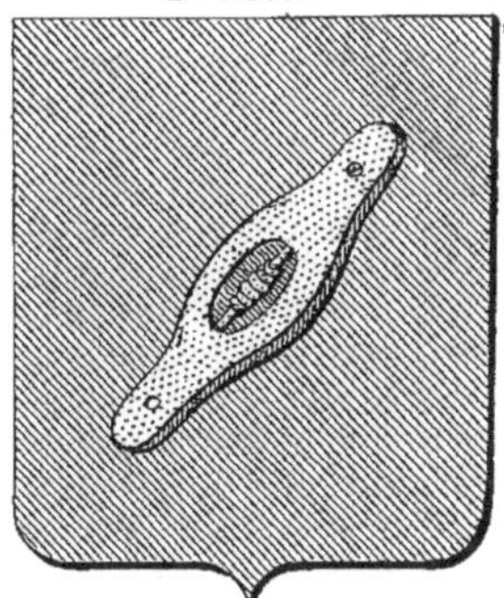

Toilliers d'Aumale.

F.º 490.

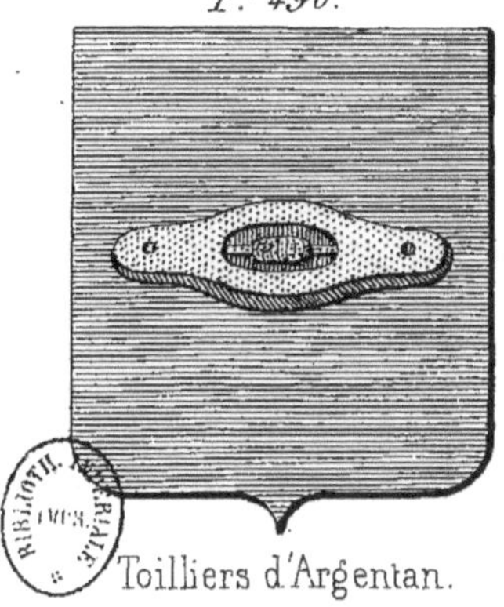

Toilliers d'Argentan.

F.º 891.

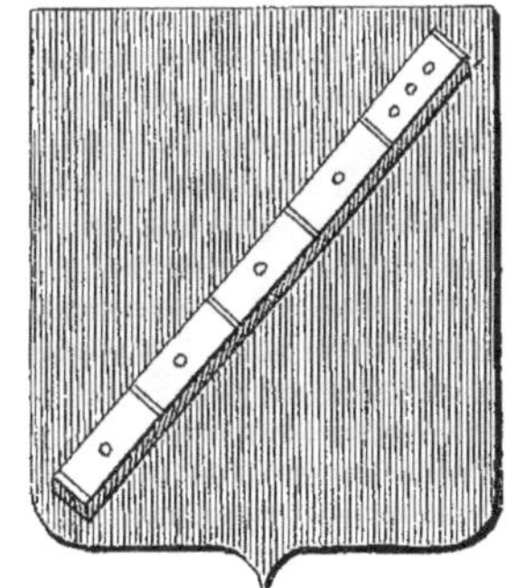

Toilliers de Bayeux.

F.º 492.

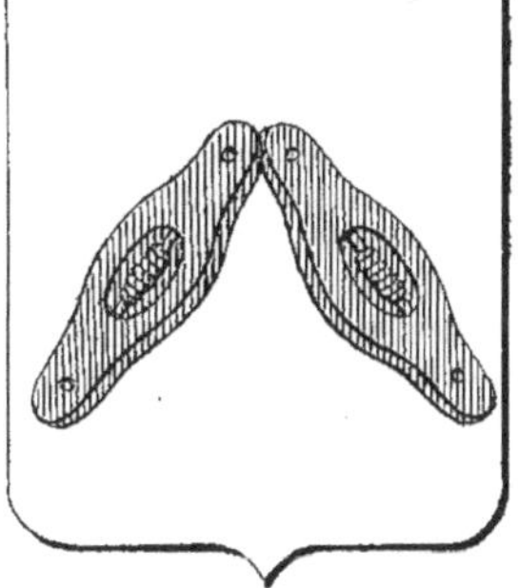

Toilliers détaillants.
de St Lô.

F.º 779.

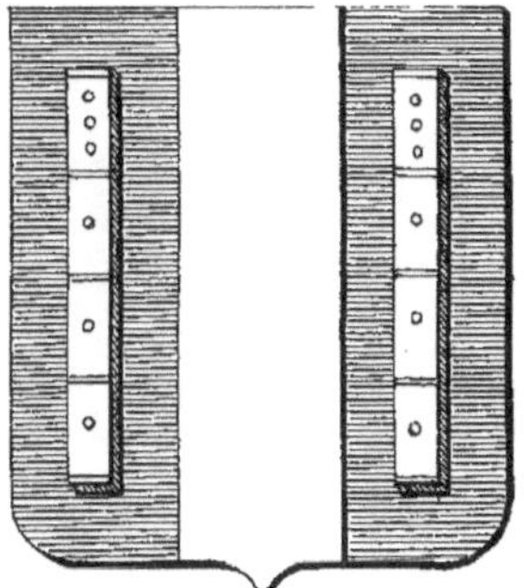

Toilliers de Chateauneuf.

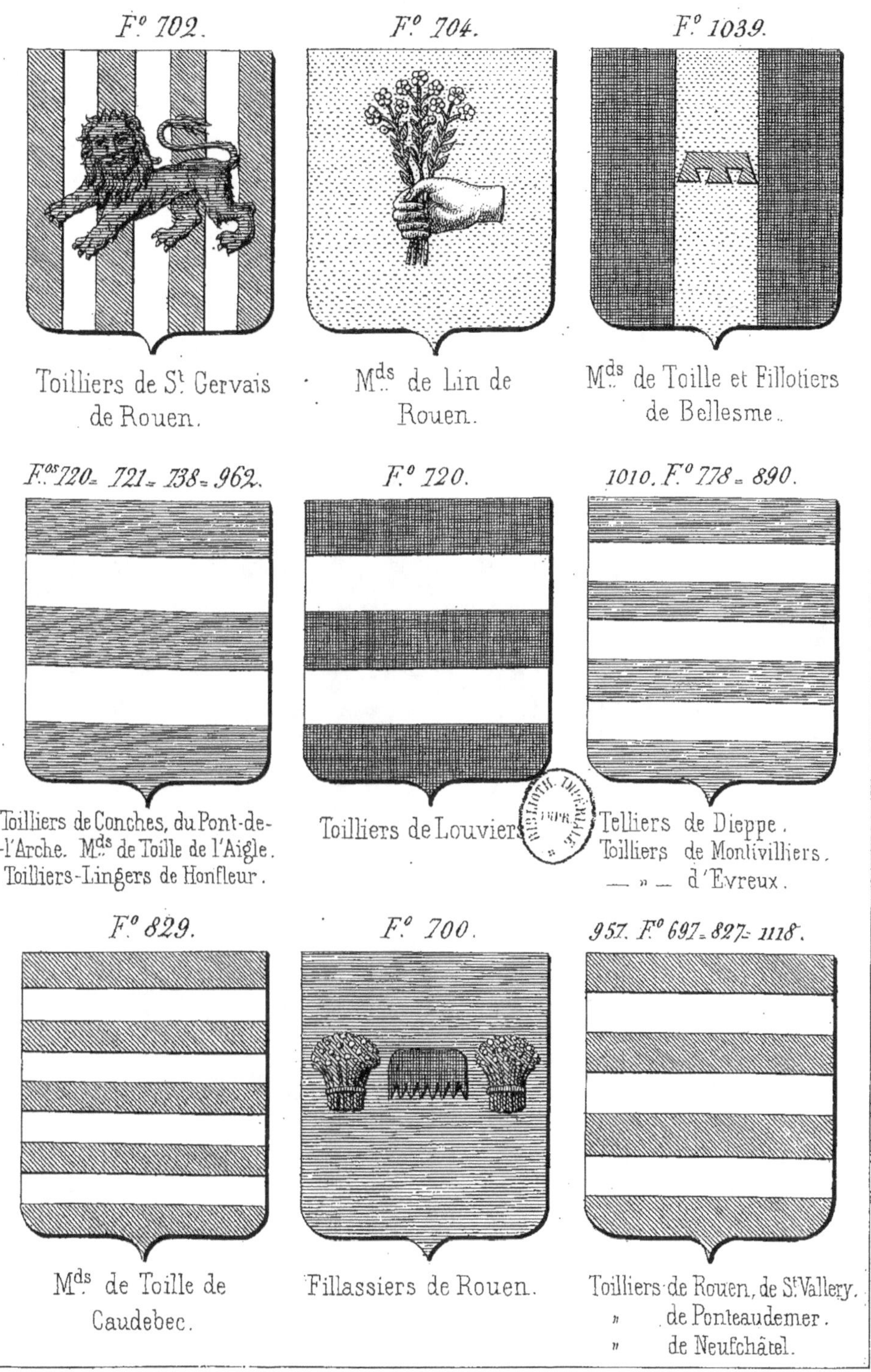

Toilliers de St. Gervais de Rouen.

Mds de Lin de Rouen.

Mds de Toille et Fillotiers de Bellesme.

Toilliers de Conches, du Pont-de-l'Arche. Mds de Toille de l'Aigle. Toilliers-Lingers de Honfleur.

Toilliers de Louviers.

Telliers de Dieppe. Toilliers de Montivilliers. — » — d'Evreux.

Mds de Toille de Caudebec.

Fillassiers de Rouen.

Toilliers de Rouen, de St. Vallery. » de Ponteaudemer. » de Neufchâtel.

F.º 782.

Tissiers en toille de
Vire.

F.º 1493.

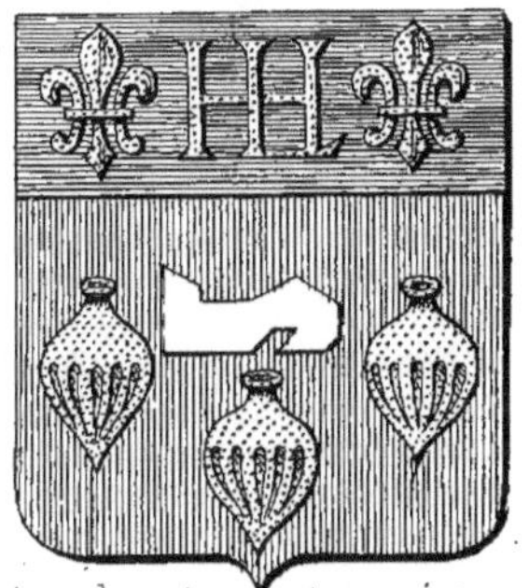

Mᵈˢ Fᵗˢ et Mᵗʳᵉˢ Oᵛʳⁱᵉʳˢ
de drap d'or et autres étoffes
mélangées &ᵃ de la Ville de Paris.

F.º 796.

Toilliers de
Caen.

FLANDRE .

F. 127.

Toilliers de Dovay.

F.º 133.

Mᵈˢ de Toille de
Sᵗ. Quentin.

F.º 248.

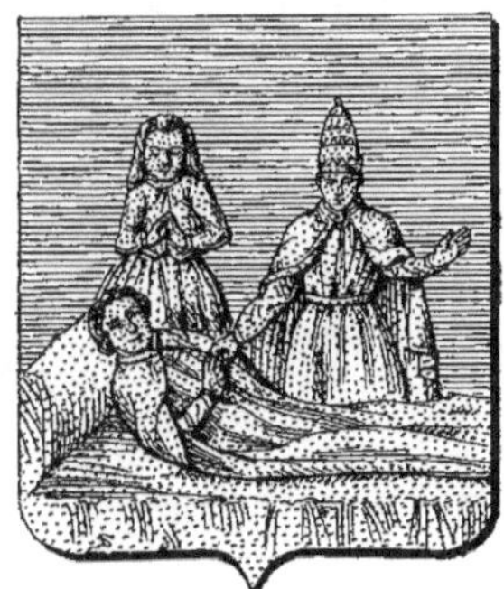

Toilliers de Valenciennes.

F.º 63.

Tisserands de Toilles
de Lille.

F.º 65.

Telliers de
Valenciennes.

BRETAGNE.

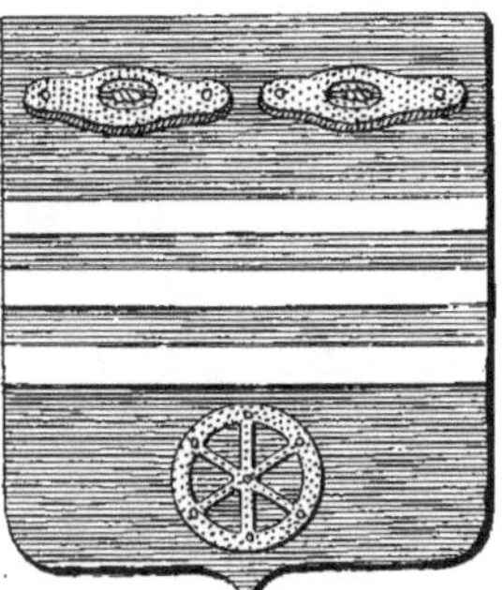

F.° 1593.

Fillandiers et Tessiers
de Painpol.

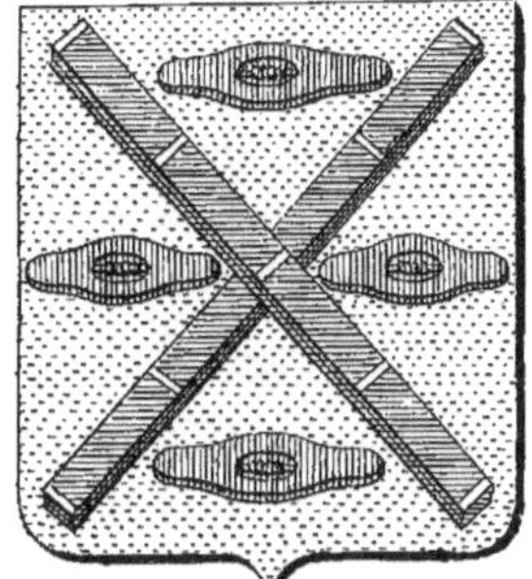

F.° 1543.

M.^{ds} de Toile et Tissiers
de Clisson

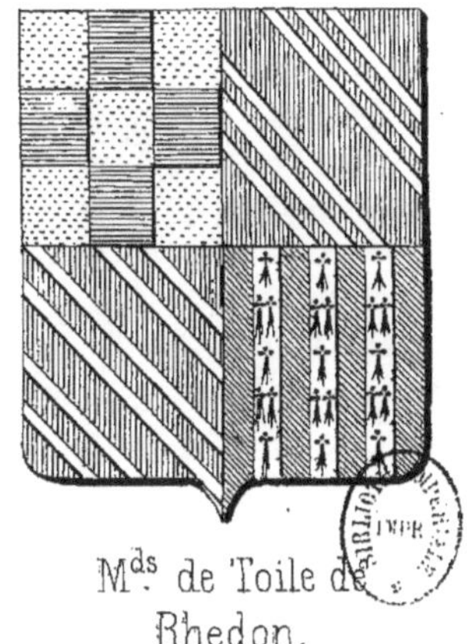

F.° 1469.

M.^{ds} de Toile de
Rhedon.

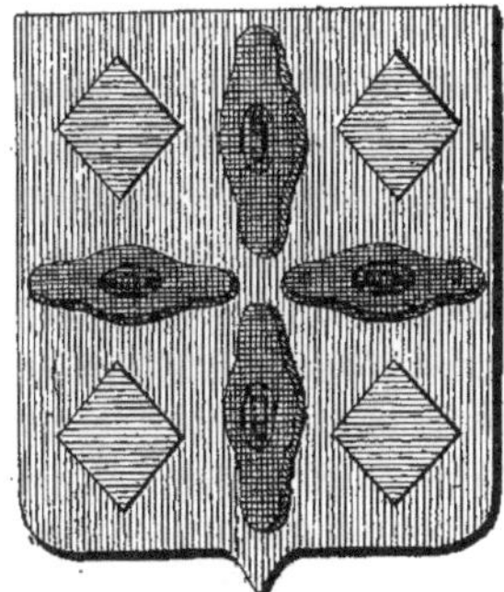

F.° 1516.

M.^{ds} de Toile
de Nantes.

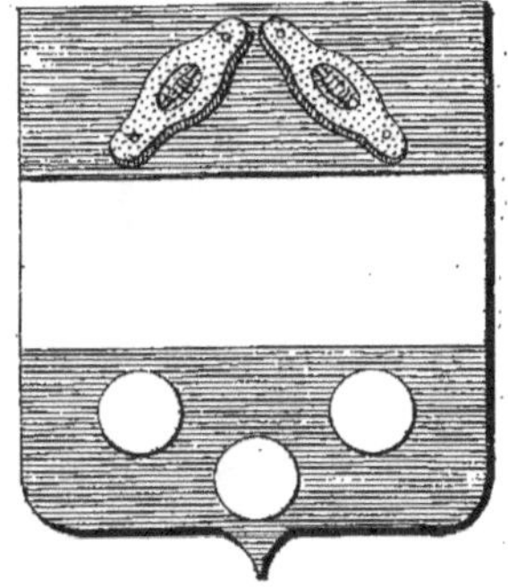

F.° 1578.

M.^{ds} Toilliers
de Brest.

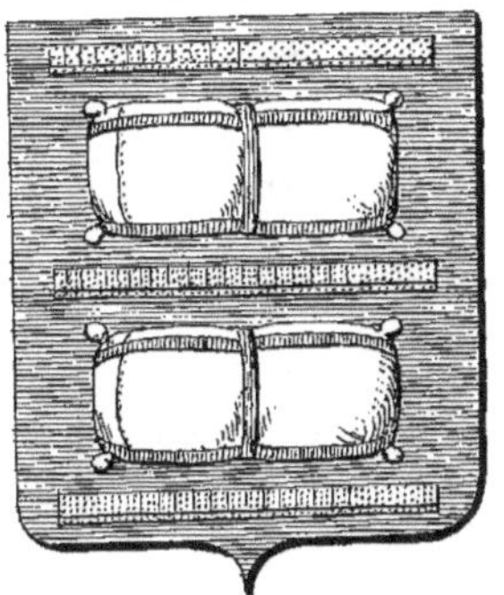

F.º 1660.

M.ds de Toile
de Montcontour.

F.º 1548.

M.ds de Toile
de Vannes.

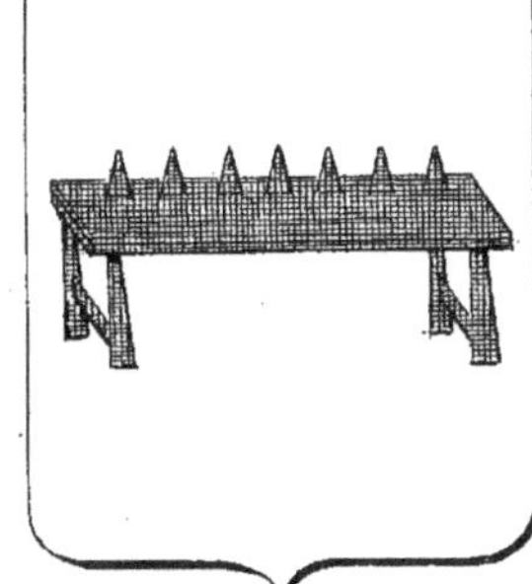

F.º 1244.

Fillaciers
de Rennes

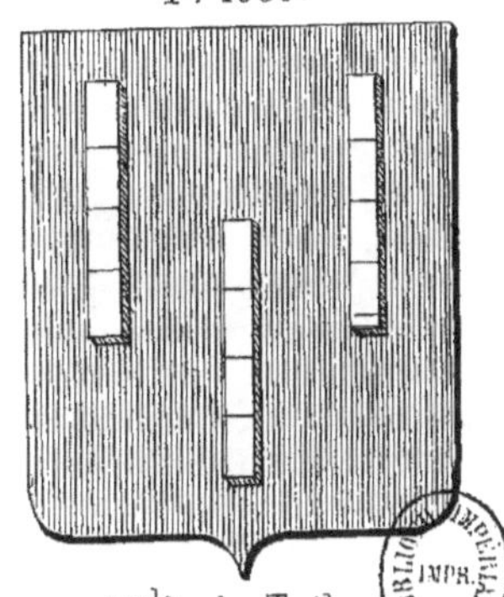

F.º 1085.

M.ds de Toile
de Landerneau

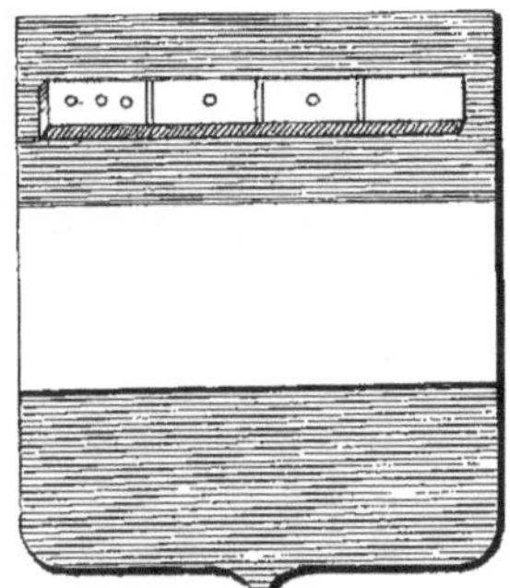

F.º 521.

M.ds de Toile
de Morlaix.

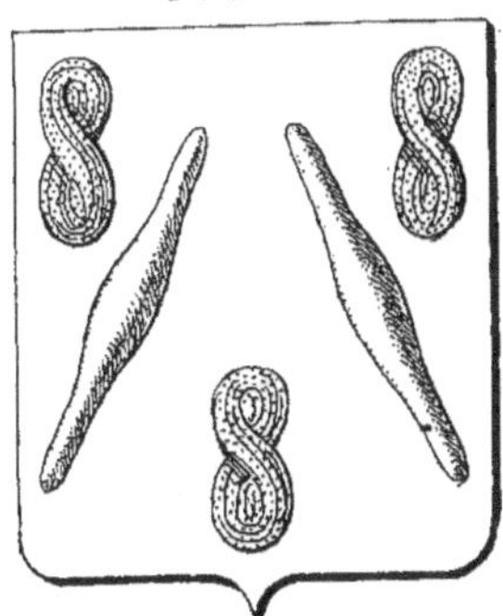

F.º 1661.

Filaciers
de Moncontour.

F.º 951.

M.ds de Toile
de St Malô.

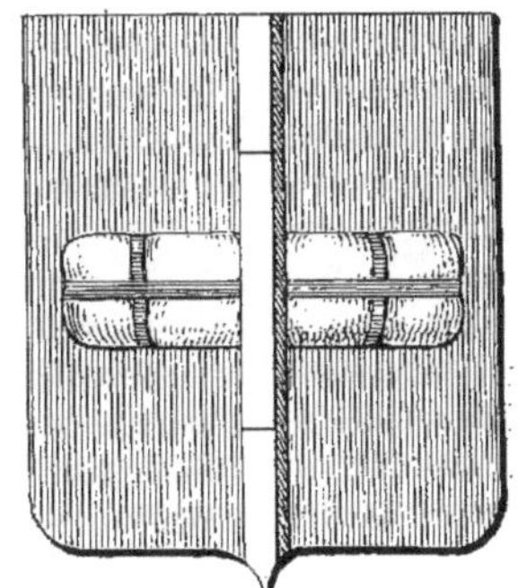

F.º 1652.

M.ds de Toile
de Lamballe.

www.ingramcontent.com/pod-product-compliance
Lightning Source LLC
Chambersburg PA
CBHW051233030726
47595CB00003B/884